L'histoire du chandail orange

Texte : Phyllis Webstad

Illustrations : Brock Nicol

Quand elle était petite, Phyllis vivait avec sa Mamie dans la réserve indienne de Dog Creek, qui fait partie du territoire de la Première Nation Stswecem'c Xgat'tem. Il n'y avait ni électricité ni toilettes intérieures dans sa maison. L'été, quand il faisait chaud, Phyllis se rafraîchissait dans la cuve remplie d'eau qui se trouvait dans le jardin de Mamie.

Phyllis et Mamie vivaient des aliments qu'elles cultivaient dans le jardin et des baies qui poussaient dans la nature.
Elles allaient pêcher le saumon dans le fleuve Fraser. Elles mangeaient ensuite du poisson pour souper,
puis faisaient déshydrater le reste sur le séchoir pour se faire des provisions pour l'hiver.
Elles avaient peu de possessions, mais elles se débrouillaient bien.

Phyllis se sentait pourtant souvent seule quand elle était petite. Il y avait peu d'enfants avec qui jouer sur la réserve.
Chaque année, en septembre, tous les enfants plus âgés, comme sa cousine, quittaient la réserve pour aller à l'école.
Phyllis avait hâte au jour où elle pourrait partir, elle aussi.

Phyllis ne recevait pas beaucoup de câlins dans son enfance. Mais elle avait Mamie,
et la maison de Mamie était un refuge pour tous les habitants de la réserve. Plusieurs d'entre eux venaient
la voir pour avoir de l'aide ou des conseils. Le lieu préféré de Phyllis était la cuisine de Mamie.

Quand Phyllis eût six ans, Mamie lui fit un gâteau pour souligner son anniversaire.
Elle lui dit que, maintenant qu'elle avait six ans, elle était assez grande pour aller à l'école.
En septembre, elle irait au pensionnat, à St. Joseph's Mission, pour la première fois.

Phyllis était excitée d'aller à l'école et de pouvoir enfin jouer avec sa cousine et les autres enfants.
Elle voulait savoir comment était la vie là-bas et espérait se faire des amis.

Avant la première journée d'école, Mamie emmena Phyllis en ville pour lui acheter un nouveau chandail. Elles n'avaient ni voiture ni camionnette. Pour se rendre en ville, elles prenaient donc un autobus bleu qu'elles appelaient « le bus ».

C'était si exaltant d'aller en ville! Sur la route de terre qu'il empruntait, le bus était secoué par les cahots.
Puis les cahots s'estompaient et Phyllis, en regardant par la fenêtre, apercevait la
route pavée défiler sous les roues du bus.

La ville était si bruyante et grouillante de vie. Il y avait des gens et des voitures partout!
On trouvait tant de boutiques et de restaurants.
On apercevait devant une des boutiques un tube rouge et blanc.
Phyllis le regardait tourner et tourner en se demandant où allaient les bandes quand elles disparaissaient.

Mamie emmena Phyllis au restaurant et elles prirent place à une cabine où se trouvait un mini juke-box.
Quand Phyllis déposa une pièce dans la fente, la boîte se mit à jouer une chanson pour elle. Phyllis commanda
deux œufs pour déjeuner. Quand son assiette arriva, elle remarqua que ses œufs étaient au miroir.
Elle avait l'impression qu'ils la regardaient d'en bas, du fond de l'assiette!
Elle ne savait pas trop comment les manger. Les œufs que préparait Mamie étaient toujours brouillés.

Après le déjeuner, Mamie emmena Phyllis dans un magasin qui regorgeait de vêtements et de jouets.
Phyllis choisit un chandail orange brillant avec des lacets sur le devant.
Il était tout neuf et éclatant! Elle était aussi excitée par son chandail que par sa première journée d'école.

Mamie acheta le chandail, et les deux montèrent dans le bus qui les ramènerait à la maison.
Phyllis serrait très fort le sac qui contenait le chandail orange sur le chemin du retour.
Elle se fit la promesse solennelle de ne pas le porter jusqu'au grand jour, sa première journée d'école.

Phyllis attendit et attendit, puis le grand jour arriva enfin. Vêtue de son chandail orange tout neuf pour la première fois, Phyllis dit au revoir à Mamie, qui lui donna une petite tape sur la tête et lui lança : « qui aime quoi ». Phyllis monta dans l'autobus avec tous les autres enfants et salua Mamie de la main par la fenêtre.

Il fallait rouler pendant deux heures pour se rendre au pensionnat. Phyllis n'avait jamais été si loin de la maison. Elle fixait l'horizon par la fenêtre et avait hâte d'arriver à destination.

Quand ils arrivèrent, Phyllis se mit à avoir très peur.
Le pensionnat était plus imposant que tout ce qu'elle avait vu auparavant.
Le bâtiment semblait froid et austère, aussi austère que les sœurs qui en
sortirent pour venir les accueillir.

Phyllis demanda alors à sa cousine combien de temps elle devrait rester au pensionnat.
Sa cousine répondit qu'elles rentreraient à la maison dans 300 dodos. 300 dodos?
Mais c'était une éternité!

Les sœurs firent entrer tous les enfants et les firent traverser un long corridor à la queue leu leu.
Les enfants entrèrent ensuite dans une pièce où ils furent dévêtus et douchés.
Phyllis n'avait jamais vu d'eau sortir des murs auparavant!
Elle ne voulait pas enlever son beau chandail orange, mais les sœurs l'obligèrent.

Après la douche, ils lui remirent d'autres vêtements à enfiler qu'elle n'aimait pas.
Les sœurs lui coupèrent ensuite les cheveux court. Elle demanda de ravoir son chandail orange, mais elles lui dirent qu'elle n'aurait plus le droit de le porter. Phyllis s'écria en pleurant : « Rendez-le-moi! Il n'est pas à vous, il est à moi. C'est ma grand-mère qui me l'a acheté! », mais personne ne l'écoutait.

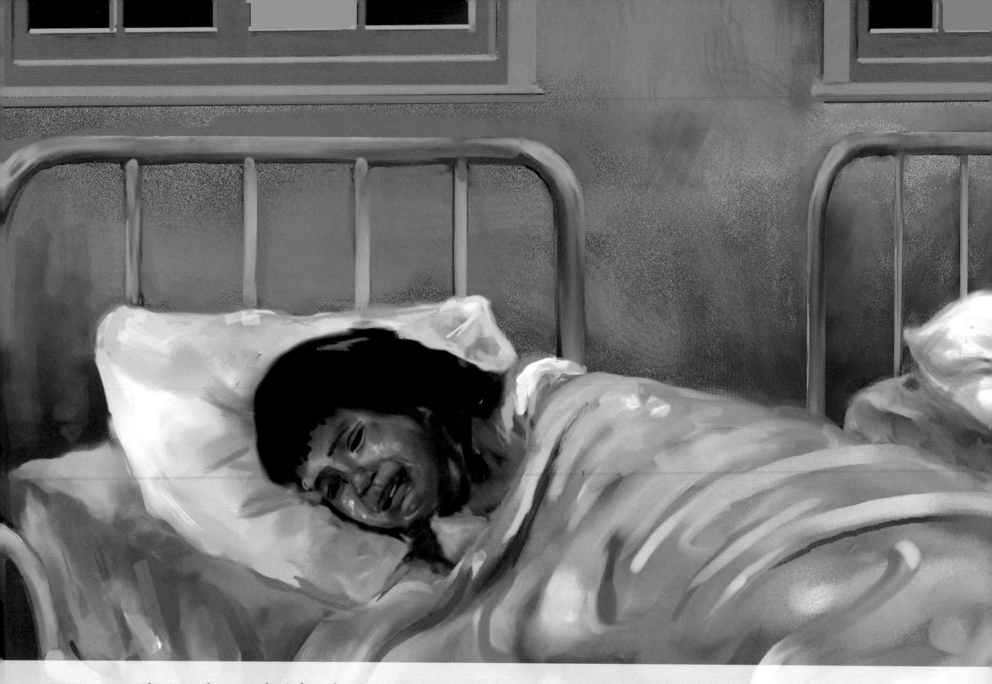

Le pensionnat était l'endroit où Phyllis dormait et mangeait, mais elle allait à l'école ailleurs.
Phyllis se rendit vite compte que les sœurs ne se préoccupaient pas de son bien-être, qu'elle soit fatiguée, malade, affamée ou triste. Elle ne pouvait compter que sur elle-même. Elle sentait qu'elle ne comptait pour personne.
Au souper, Phyllis et les autres mangeaient des mets sans goût et presque sans couleur.

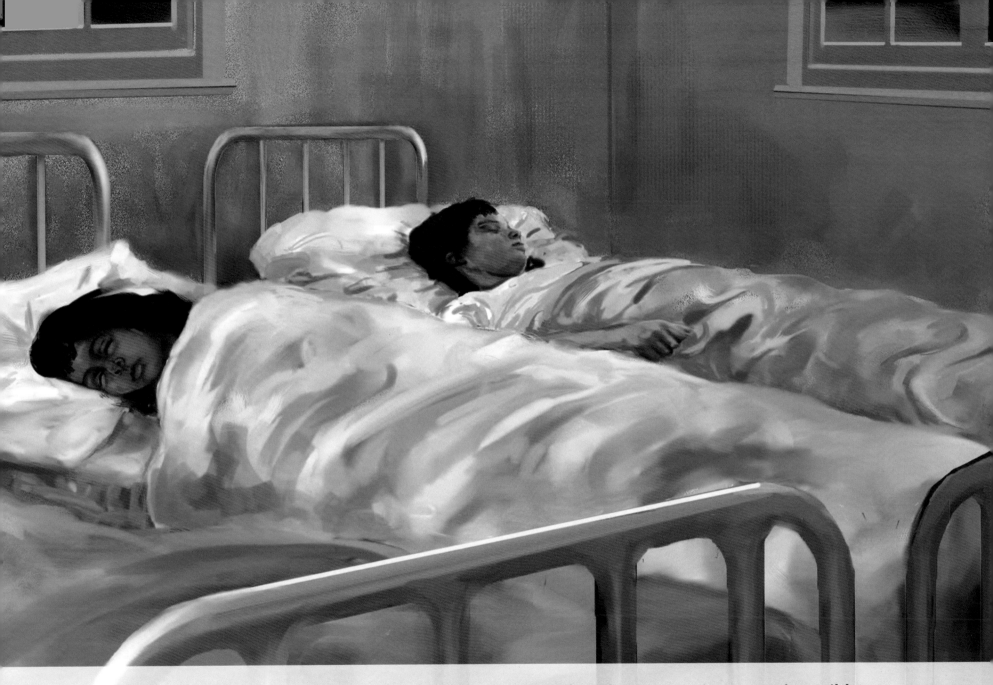

On leur servait des haricots vert pâle en forme de demi-lune qui avaient un goût terrible
et du poisson puant qui n'avait rien à voir avec le saumon que Phyllis mangeait avec Mamie.
Le soir, Phyllis se demandait pourquoi Mamie ne venait pas la chercher. Elle s'endormait en pleurant.
Dans ses rêves, elle jouait dans le jardin de Mamie et pêchait le saumon dans la rivière.

Les enfants se rendaient chaque jour en ville pour aller à l'école publique. Avant de monter dans l'autobus,
ils attrapaient une petite boîte de jus d'orange et un sac de papier brun contenant leur lunch.
Parfois, un ou deux enfants avaient une barre de chocolat dans leur sac.
Tous les autres vérifiaient s'ils en avaient une, mais ils n'avaient que des sandwiches.

On aurait dit que les adultes leur jouaient un tour cruel.
Phyllis s'asseyait avec sa cousine dans l'autobus qui les emmenait à l'école.
Chaque jour, le conducteur déposait sa cousine à une autre école, et Phyllis rêvait de pouvoir y aller avec elle.
Elle ne comprenait pas pourquoi on les séparait.

À l'école, Phyllis apprenait à lire et à écrire avec les autres filles et garçons, mais elle se sentait tout de même seule. Tous les enfants du pensionnat se sentaient seuls, car on les avait arrachés à leur maison et à leur famille.

Son enseignante avait les cheveux roux frisés. Elle était aussi gentille qu'elle sentait bon.
Elle souriait à Phyllis et l'aidait à apprendre ses leçons.
Phyllis aurait voulu rentrer à la maison avec elle le soir; elle seule rendait l'école tolérable.

Phyllis aimait son enseignante, mais elle ne remplaçait pas Mamie.
Elle se demandait ce que faisait Mamie pendant qu'elle était à l'école.
Phyllis s'ennuyait de sa maison et de son jardin.

Elle commença à compter les jours avant son retour.
Ce nombre diminuait petit à petit.
Elle attendit et attendit.

Les autres enfants de l'école pouvaient commander des livres d'un club de livres,
mais aucun pensionnaire n'avait le droit.
Phyllis ne comprenait pas pourquoi ils étaient traités différemment.
Elle voulait un livre, elle aussi. Pourquoi n'avait-elle pas le droit?

Dans la cour d'école, elle était comme les autres filles et garçons.
Sur l'heure du dîner, tout le monde jouait ensemble.
Phyllis apprit à se balancer sur une balançoire et à enrouler
sa balançoire autour d'un poteau pour la regarder se dérouler.

Le meilleur moment de la journée était quand l'autobus revenait les chercher à l'école.
Phyllis gardait toujours une place pour sa cousine.
Quand l'autobus arrivait à son arrêt, sa cousine entrait dans l'autobus en courant pour s'asseoir près de Phyllis.
Elle apportait parfois des oignons qu'elle trouvait dans la cour d'école.

Sa cousine demandait en ouvrant la bouche : « Tu en veeeuux? » et Phyllis se moquait de son haleine d'oignon.
Mais Phyllis avait toujours si faim! Elle prenait alors un oignon et le mangeait comme une pomme.
Et son haleine sentait aussi mauvais que celle de sa cousine.

Dans l'autobus, elles apprenaient des chansons ensemble.
Elles chantaient en chœur : « Nous sommes les missions, les missions, missions souveraines.
Partout où nous allons, oh, tout le monde veut savoir, oh… ce que nous faisons…
donc nous leur disons, nous sommes les missions… »

Puis l'automne céda la place à l'hiver, puis au printemps et enfin, à l'été.
Phyllis avait très hâte de rentrer à la maison.
Elle ne voulait jamais revenir au pensionnat ni revoir les sœurs au cœur de marbre.

Après 300 dodos, l'autobus vint les chercher et Phyllis put enfin regagner la réserve.
Elle était si heureuse d'être revenue à un endroit où elle comptait, où les gens se préoccupaient de son bien-être.
Cet été-là, elle resta à la maison avec Mamie, dans cette maison qu'elle connaissait bien,
et travailla avec elle dans le jardin.

Elle alla pêcher dans le fleuve Fraser et mangea du saumon pour souper.
Elle avait tout ce dont elle avait besoin et ne retourna jamais au pensionnat.
Ce ne sont pas tous les enfants qui eurent cette chance.
Fin

Le 30 septembre – La Journée du chandail orange

Les pensionnats autochtones ont maintenant fermé leurs portes.

Phyllis et sa famille apprennent à connaître et à célébrer leur culture.

Phyllis sait ce que signifient ses origines de Northern, et elle est fière de qui elle est et de son peuple.

Le 30 septembre de chaque année, de nombreuses personnes, y compris Phyllis, portent des chandails orange

pour rendre hommage aux survivants des pensionnats et à leur famille.

La Journée du chandail orange est une bonne occasion d'aborder le racisme et l'intimidation au début de l'année scolaire.

La vraie histoire de Phyllis n'est qu'une parmi tant d'autres. Nous devons écouter ces histoires et apprendre de nos erreurs passées.

De cette façon, nous pouvons nous tourner vers l'avenir sans retomber dans les mêmes pièges.

Lorsque nous portons le chandail orange pendant cette Journée, nous réitérons le fait que chaque enfant compte,

chaque enfant de chaque peuple des quatre coins du monde, y compris les survivants des pensionnats autochtones

et les enfants des Premières Nations qui ne sont jamais rentrés à la maison.

À propos de l'auteure

Phyllis Webstad (née Jack) fait partie des Northern Secwepemc (Shuswap), de la Première
Nation Stswecem'c Xgat'tem (bande indienne de Canoe Creek). Elle a des racines Secwepemc, irlandaises et françaises.
Elle est née à Dog Creek et elle vit aujourd'hui à Williams Lake, en Colombie-Britannique.
Phyllis est mariée et a un fils, un beau-fils, trois petits-fils et une petite-fille.

Chaque année, Phyllis et sa famille campent sur les rives du fleuve Fraser près de Williams Lake.
Petits et grands se rassemblent pour pêcher et faire sécher le poisson comme le faisaient leurs ancêtres.
Phyllis est fière de transmettre à ses petits-enfants les leçons et coutumes qu'elle a apprises de ses aînés quand elle était petite.
Phyllis est une survivante des pensionnats autochtones de troisième génération.

Elle a obtenu un diplôme en administration des affaires de l'Institut de technologie de Nicola Valley et un en comptabilité
de l'Université de Thompson Rivers. En 2017, Phyllis a reçu le prix « TRU Distinguished Alumni Community Impact Award »
pour sa contribution sans précédent aux communautés locales, provinciales, nationales et internationales
grâce à la diffusion de l'histoire de son chandail orange.

Glossaire

- **Pensionnat autochtone** : Pensionnat géré par le gouvernement canadien pour les enfants autochtones issus de communautés peu peuplées.
- **École publique** : École financée par le gouvernement que tous les enfants peuvent fréquenter pour faire leur éducation.
- **Réserve** : Territoire désigné par le gouvernement comme étant réservé aux Premières Nations.
- **Séchoir** : Structure faite de bois où le saumon était accroché pour le faire sécher et le conserver jusqu'à l'hiver. Un feu de branches d'arbre vertes était allumé sous le séchoir pour éloigner les mouches.

Pour lancer la discussion

- Comment imagines-tu la vie dans un pensionnat autochtone?
- As-tu déjà séjourné loin de la maison pendant une longue période? Comment t'es-tu senti?
- Peux-tu imaginer partir de la maison pendant 300 jours?
- Qu'a fait Phyllis pour trouver le bonheur?
- Que fais-tu quand tu te sens triste ou seul?
- Pourquoi portes-tu un chandail orange le 30 septembre?

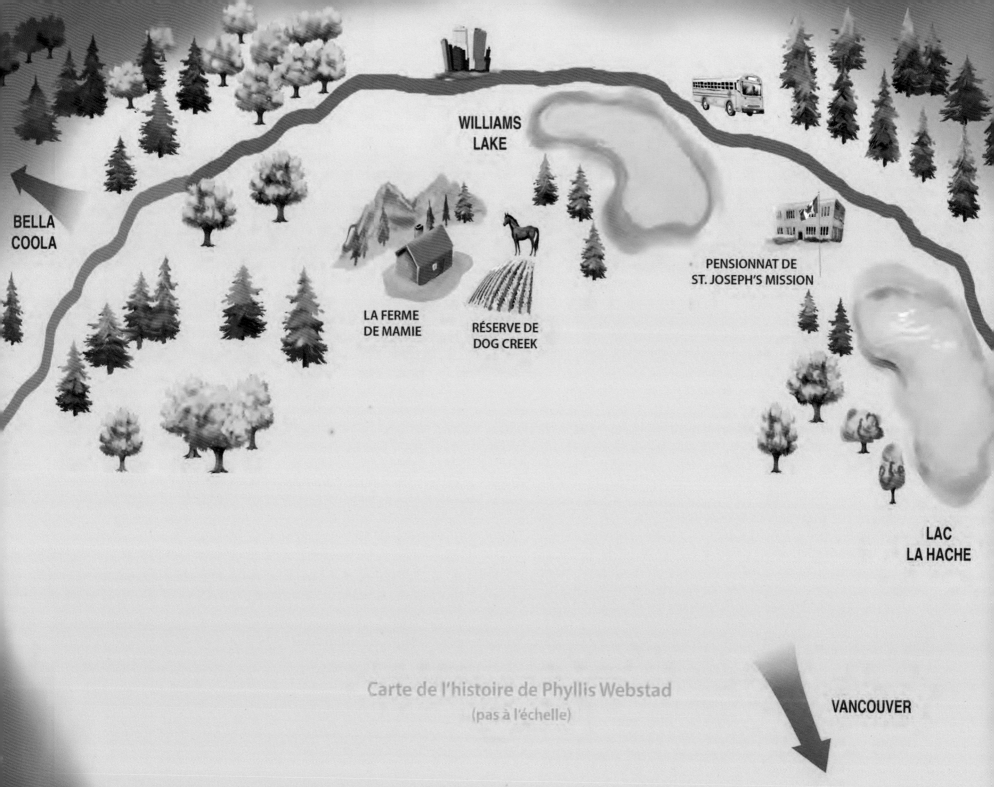

BELLA COOLA

WILLIAMS LAKE

LA FERME DE MAMIE

RÉSERVE DE DOG CREEK

PENSIONNAT DE ST. JOSEPH'S MISSION

LAC LA HACHE

Carte de l'histoire de Phyllis Webstad
(pas à l'échelle)

VANCOUVER

L'histoire du peuple des Secwépemc (Shuswap)

Depuis plus de 8 000 ans, les Secwépemc (Shuswap) et leurs ancêtres vivent aux abords des fleuves Fraser et Columbia et de la rivière Thompson, sur un territoire qui est aujourd'hui la Colombie-Britannique. Selon les contes ancestraux, les habitants étaient présents sur la terre quand elle s'est formée.

La terre a été rendue habitable pour les Secwépemc par Senkéwelc (l'Ancien ou le Créateur) qui l'a parsemée de nouvelles plantes et de nouveaux animaux, a façonné le terrain et mené les gens vers les territoires qu'ils allaient occuper. Il leur a donné la langue qu'ils allaient parler et les a sommés de faire preuve de respect dans toutes leurs relations, pas seulement avec les êtres humains, mais aussi avec les plantes et les animaux. Senkéwelc a envoyé des Transformateurs sur le territoire, dont le plus puissant était Skelép ou Senxwéxwlecw (Vieux Coyote). Le Transformateur a fait de la terre un endroit meilleur pour ses habitants et leur a appris ce qu'il fallait faire pour prospérer. Bon nombre de contes Secwépemc ancestraux traitent de la formation de la terre, des lieux où les ancêtres vivaient et mouraient, des endroits où trouver la meilleure nourriture et les meilleures plantes médicinales et des moyens de défendre le territoire. Les contes établissent un lien fort entre les Secwépemc et leur terre.

Vingt-neuf bandes Secwépemc, chacune comprenant plusieurs villages et un gouvernement, prospéraient à Secwepemcúl'ecw, la terre des Secwépemc, qui s'étendait des montagnes Rocheuses à l'est au-delà du Setetkwa (fleuve Fraser) à l'ouest. Les routes commerciales reliaient le peuple Secwépemc aux autres Premières Nations, y compris celles de l'autre côté des montagnes. Les gens des autres nations ne pouvaient pénétrer dans le territoire Secwepemcúl'ecw qu'avec leur autorisation ou s'ils avaient de la famille Secwépemc.

Les Secwépemc utilisaient toutes les parties de leur territoire à la manière d'un ranch : ils se déplaçaient abondamment selon les saisons vers les sites connus comme étant plus fertiles afin d'amasser de la nourriture, des plantes médicinales et des matériaux. Toutes les ressources de la terre étaient partagées avec les autres peuples Secwépemc, le partage étant un devoir essentiel. Les aînés, les parents et les enfants travaillaient ensemble pour gérer leur territoire grâce au feu et à d'autres techniques visant à augmenter la production de nourriture et de plantes médicinales. Ils développaient également des compétences avancées pour la collecte, la conservation et la préparation de la nourriture. Le peuple prospérait.

Les familles étaient le fondement de la société Secwépemc. Les enfants apprenaient en travaillant avec les adultes et grâce aux conseils respectueux de leurs parents et des aînés. Les cérémonies et les contes traditionnels enseignaient aux enfants leur histoire et l'importance de respecter leurs traditions et leurs valeurs. Quand les enfants atteignaient la majorité, on leur attribuait un esprit gardien qui leur donnerait la force d'occuper leur rôle dans la vie. L'éducation des enfants leur conférait une confiance, une autonomie, une responsabilisation et une fierté de leur culture.

Les Secwépemc ont accueilli les premiers Blancs, les commerçants de fourrure, dans leur territoire et les ont aidés à survivre. Le peuple Secwépemc et les commerçants de fourrure travaillaient alors côte à côte dans le respect mutuel. Ensuite, d'autres immigrants sont arrivés et avec eux, des maladies européennes, plus particulièrement la variole et la rougeole, alors inconnues des Secwépemc. Environ deux tiers des Northern Secwépemc ont succombé à ces maladies. Des villages Secwépemc entiers, auparavant peuplés et grouillants de vie, sont devenus des cimetières où la vie n'était qu'un vague souvenir.

Il ne restait plus que dix-sept villages.

La ruée vers l'or dans la région de Cariboo a entraîné une plus grande vague d'immigration. Les mineurs et les colons se sont approprié les terres et les cours d'eau Secwépemc, sans égard aux droits ou aux traditions des Autochtones qui y étaient établis. Les Secwépemc ont été confinés à de petites parcelles de terre nommées réserves et ont dû renoncer à leurs droits au vaste territoire qu'ils dominaient autrefois, sans qu'il y ait eu de traité ou d'accord mutuel. Le peuple a perdu son territoire et le nouveau gouvernement en place a imposé des lois racistes qui ont eu des répercussions sur presque tous les aspects de la vie Secwépemc, y compris l'instruction des enfants. Les Secwépemc se sont toujours battus pour défendre leurs droits et, depuis quelques années, ils reçoivent l'appui grandissant de la société canadienne. Ils n'ont jamais baissé les bras.

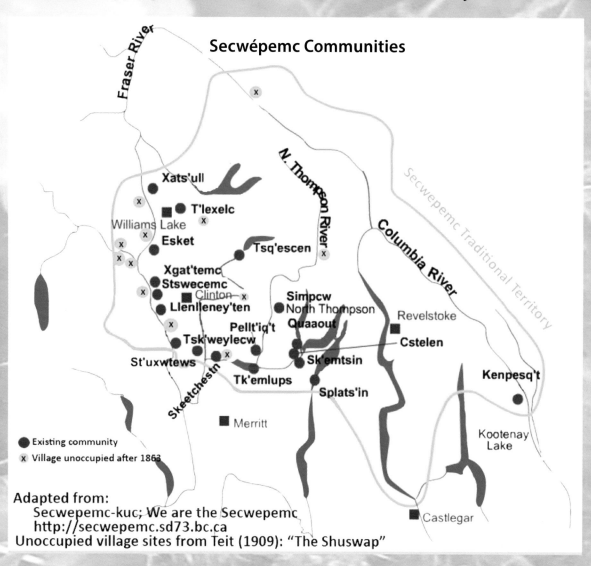

Secwépemc Communities

Adapted from:
Secwepemc-kuc; We are the Secwepemc
http://secwepemc.sd73.bc.ca
Unoccupied village sites from Teit (1909): "The Shuswap"

Pensionnat de St. Joseph's Mission

Les pensionnats canadiens étaient issus d'un partenariat entre les groupes de missionnaires religieux et le gouvernement fédéral. Le gouvernement finançait et réglementait les écoles tandis que les missionnaires les exploitaient. Les pensionnats étaient une composante importante des efforts du gouvernement canadien pour assimiler les Autochtones à la culture blanche dominante. L'objectif était de forcer les peuples autochtones à abandonner leur culture, leur spiritualité, leurs valeurs éthiques et leur gouvernement traditionnel et à se fondre dans la société blanche dominante. Si elle avait réussi, l'assimilation aurait retiré les obligations légales et financières du gouvernement envers les Premières Nations en tant que groupe et aurait donné aux colons le contrôle des terres et des ressources autochtones.

L'objectif des missionnaires était de remplacer les croyances et pratiques autochtones par la foi chrétienne, les valeurs morales européennes et la vie agricole sédentaire. Les missionnaires travaillaient à l'atteinte de cet objectif avec ardeur et une rémunération minime, car il relevait de leur devoir chrétien. L'Église et le gouvernement croyaient fermement que la culture eurocanadienne était supérieure à la culture autochtone, qu'ils jugeaient « enfantine ». Ils considéraient d'ailleurs que les Autochtones n'étaient pas aptes à prendre des décisions dans leur intérêt ou celui de leurs enfants.

Les autorités et les groupes religieux ont tous deux conclu, après l'échec des autres approches, que l'assimilation ne pourrait être réalisée qu'en isolant les enfants autochtones de l'influence de leurs parents en bas âge et en les exposant à une éducation rigoureuse à l'européenne pendant plusieurs années. Le système des pensionnats autochtones canadiens a été créé dans le but d'atteindre cet objectif, et les premières écoles en étant issues ont ouvert leurs portes en 1883. La fréquentation était volontaire au départ, mais la Loi sur les Indiens a été révisée en 1894 dans le but de la rendre obligatoire pour la majeure partie ou la totalité de l'année. Les parents qui dérogeaient à cette obligation de fréquentation étaient passibles d'amende ou d'emprisonnement.

St. Joseph's Mission a été fondée en 1867 par les Oblats de Marie-Immaculée, un institut missionnaire catholique qui avait fait l'acquisition d'une terre près de Williams Lake, en Colombie-Britannique. Le lieu a été choisi en partie en raison de sa proximité avec trois nations : les Secwépemc (Shuswap), les Tsilhqot'in (Chilcotin) et les Dakelh (Carrier). Après avoir fait l'acquisition d'une parcelle supplémentaire par droit de préemption et achat, la Mission est devenue une exploitation de ranch fructueuse, un point de chute pour les missionnaires en visite dans les communautés autochtones environnantes et une école de jour accueillant des enfants blancs et métissés.

L'école de jour de la Mission a connu des difficultés financières et, en 1891, elle a été remplacée par un pensionnat pour enfants autochtones seulement. L'école recevait une subvention annuelle du gouvernement fédéral, mais le financement était précaire et souvent insuffisant pour offrir une instruction de qualité, prendre soin des enfants et entretenir les installations. L'école était fréquentée par les enfants des trois nations environnantes ainsi que par ceux de la nation St'at'imc (Lillooet). La plupart des élèves étaient toutefois issus du peuple Secwépemc. Seuls quelques Tsilhqot'in l'ont fréquentée avant 1930. La première année, seulement 11 garçons étaient inscrits, mais, en 1950, ce nombre atteignait près de 300. Avant 1953, l'éducation comprenait une demi-journée d'éducation, surtout dans le but de préparer les garçons au travail agricole et les filles aux tâches ménagères, et une demi-journée de réalisation de travaux industriels visant à générer des profits pour financer les activités de l'école. La fréquentation pendant toute l'année était requise pour que les Oblats soient admissibles au financement gouvernemental complet. Le programme était conçu pour préparer les élèves au travail manuel peu payant et ne respectait pas les barèmes d'apprentissage des écoles destinées aux enfants blancs.

Les méthodes d'enseignement à la Mission exigeaient une obéissance sans faille, une discipline rigoureuse et une communication en anglais uniquement. Toute transgression aux règles était sévèrement punie. La faim était chose courante, la nourriture insuffisante, et la maladie se propageait facilement dans les bâtiments de construction précaire. L'école tentait de miner la fierté des élèves pour leur patrimoine, leur famille et eux-mêmes. Les élèves subissaient des sévices divers. Le taux de mortalité des élèves était élevé, et la dépouille de certains enfants décédés n'était jamais renvoyée à leurs parents. Ils devaient porter des uniformes ternes pour ne tirer aucune vanité de leur tenue. Les méthodes d'enseignement et les conditions de vie créaient un contraste saisissant avec l'expérience des jeunes à la maison, et plusieurs élèves s'enfuyaient.

En 1945, l'école a été désignée comme représentant un risque d'incendie extrême et, en 1952, le dortoir des garçons a été ravagé par les flammes, peu de temps après la construction d'un nouveau bâtiment accueillant une salle de classe. En 1964, l'école est passée aux mains du ministère des Affaires indiennes, et les Oblats sont devenus conseillers plutôt qu'enseignants. Vers le milieu des années 1970, les élèves vivaient au pensionnat, mais se rendaient en autobus aux écoles publiques, où ils recevaient leur instruction. Le pensionnat a fermé ses portes en 1981, puis l'installation a été utilisée brièvement comme bureau du Conseil tribal et centre de formation aux adultes. Malgré que les Secwépemc aient essayé désespérément de faire l'acquisition des anciennes terres de l'école appartenant aux Oblats, le site a été vendu à un ranch vers la fin des années 1980. Le bâtiment principal a été détruit par les nouveaux propriétaires sur une période de quelques années entre le milieu et la fin des années 1990.

Nous tenons à remercier Ordell Steen, Jean William et Rick Gilbert pour leur apport précieux qui nous a permis de reconstituer cette histoire. Crédit photo : Dave Abbott, St. Joseph's Mission, autour de 1975.

MEDICINE WHEEL EDUCATION

www.medicinewheel.education

Online Courses Available:
www.classroom.medicinewheel.education

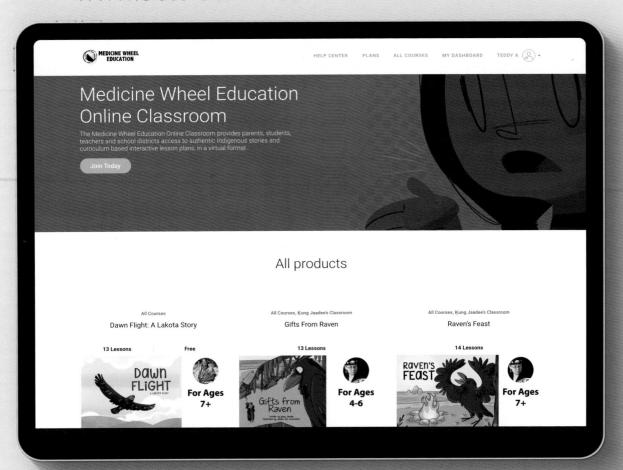